Mae'r llyfr
DREF WEN
hwn yn perthyn i:

I Sue, Thomas a Claire,
ac i Molly,
gyda chariad
CV

Cyhoeddwyd yn gyntaf yn Saesneg yn 2001
gan HarperCollins Publishers, 77-85 Fulham Palace Road,
Llundain W6 8JB.
dan y teitl *Small*

Cyhoeddwyd yn Gymraeg yn 2004
gan Wasg y Dref Wen,
28 Ffordd yr Eglwys, Yr Eglwys Newydd,
Caerdydd CF14 2EA, Ffôn 029 20617860.

Argraffwyd yn China.

Pwtyn

Clara Vulliamy

Trosiad gan Hedd a Non ap Emlyn

DREF WEN

Mae Twm yn mynd i aros dros nos gyda Mam-gu am y tro cyntaf.
Ar ôl dod o hyd i'w gês bach o dan y gwely, mae e'n dechrau pacio'i bethau.

"Bydd arna i angen
pinnau ffelt,
torts,
fy sliperi coch,
fy mlanced,
a'm hoff lyfr deinosoriaid …

ac, wrth gwrs,
bydd angen
Pwtyn arna i."

Mae'r cês mor llawn dydy Twm
ddim yn gallu ei gau.

Felly, mae e'n tynnu
popeth allan …

ac yn dechrau pacio eto …

ac eto…

ac eto.

O'r diwedd, mae'r cês yn cau
ac mae Twm yn barod i fynd.

Yn nhŷ Mam-gu, mae popeth yn barod …

y cwpwrdd ar gyfer ei deganau,
a'i hoff fwyd i de …

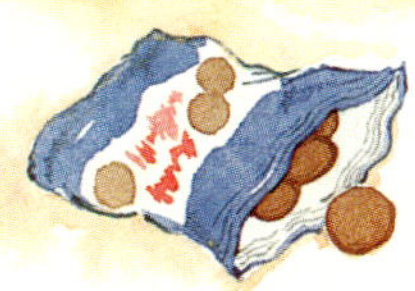

Mae e'n bwyta siocled yn y bath
ac yn bownsio ar wely Mam-gu hyd yn oed.

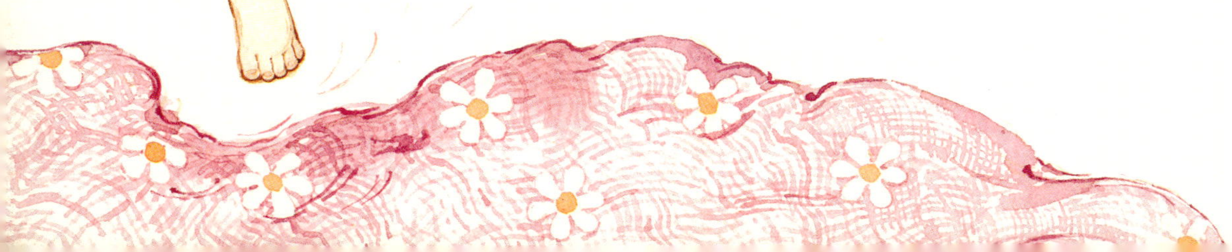

Amser gwely, mae e'n cael mwy o storïau
nag arfer a llawer o swsys nos da.
Yna, mae Twm yn cwtsio yn y gwely.

OND …

Yn sydyn, mae Twm yn cofio am Pwtyn.
O! Ble mae Pwtyn?

Dydy Pwtyn ddim yno.

Dydy e ddim o dan y gobennydd nac o dan y gwely.

Dydy e ddim yn y cês.

Rhaid ei fod e wedi gadael Pwtyn gartre!

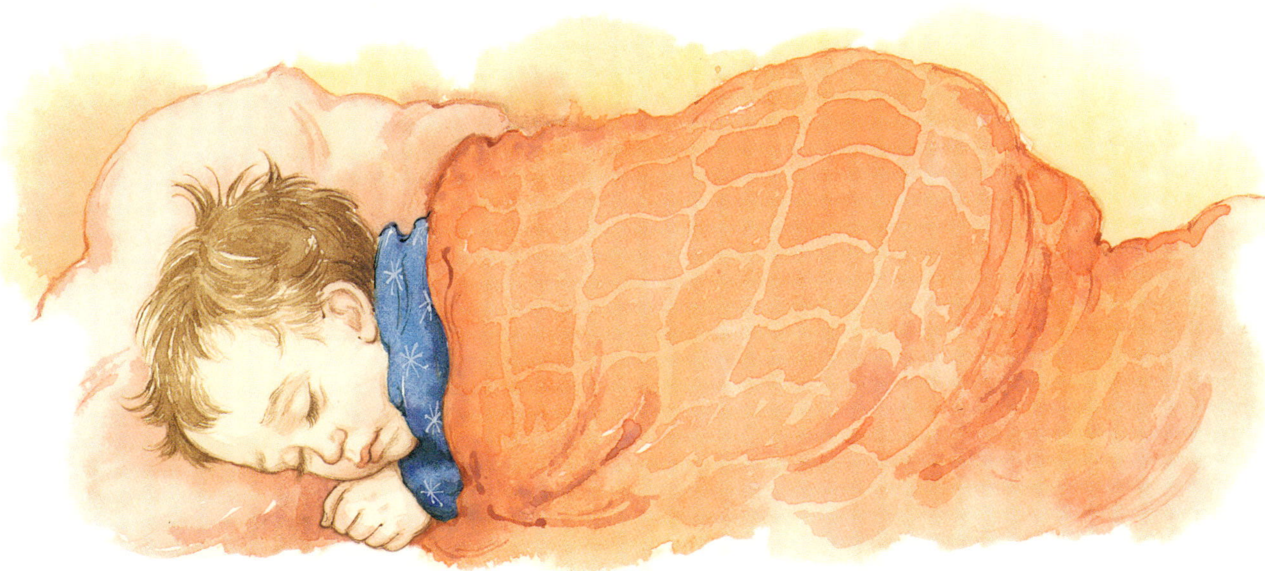

Mae Twm yn cwtsio yn y gwely eto. Mae e'n cau ei lygaid ac yn trio mynd i gysgu. Mae e'n meddwl am Pwtyn gartre yn ei stafell wely, yn drist ac yn unig yn y tywyllwch.

Dydy Pwtyn ddim yn gallu cysgu chwaith.
"Ble mae Twm?" mae e'n sibrwd.

Mae e'n dringo'r llenni ac yn gwthio drwy fwlch yn y ffenest.

Mae e'n cyrraedd y stryd ac yn dechrau rhedeg …

Rhaid iddo redeg a rhedeg…

Mae e'n dringo ac yn disgyn.

Mae'r glaw yn pistyllio i lawr.

Ac mae'r gwynt cryf yn ei wthio'n ôl.

Mae e'n neidio dros y pyllau dŵr …

… yn baglu ac yn syrthio.

Druan o Pwtyn!

Mae Pwtyn yn oer. Mae e wedi blino. Mae ofn arno fe, ond mae e'n dal i redeg a rhedeg, allan o'r dref …

ymlaen ac ymlaen, drwy'r goedwig dywyll.

Mae e wedi blino'n lân, druan, ond, yn sydyn, dyma fe'n gweld tŷ Mam-gu.

Yn y tŷ, mae Twm
yn agor ei lygaid …

ac yn codi o’r gwely.

Mae e'n edrych allan o'i
stafell wely. Mae pobman
yn dywyll ac yn rhyfedd.
Mae ofn arno fe,

ond mae'n rhaid iddo ddod
o hyd i Pwtyn.

Yn dawel bach, mae Twm yn mynd i lawr y grisiau. Mae Mam-gu yn canu yn y gegin. “Ti sy ’na, Twm?” mae hi’n gofyn.

Yn araf bach, mae Twm yn cerdded at ddrws y ffrynt ac yno, o dan y bocs llythyron …

... mae Pwtyn.

Mae Twm yn cydio ynddo ac yn ei gwtsio'n dynn. "Rwyt ti wedi dod o hyd i fi!" mae e'n sibrwd yng nghlust oer a meddal Pwtyn.

"Mae e mor fach, mae'n siŵr ei fod e wedi bod yno drwy'r amser," mae Mam-gu'n dweud wrth iddi fynd â nhw'n ôl i'r gwely. Ond dydy Twm ddim yn dweud gair. Mae e'n *gwybod*.

Mae'r ddau ohonyn nhw'n gwybod bod popeth yn iawn nawr. Maen nhw'n cwtsio'n dynn yn ei gilydd yn y gwely. "Bydda i'n edrych ar dy ôl di am byth," mae Twm yn dweud yn dyner wrth Pwtyn.

STOP